EL AMOR TIENE ARRUGAS

LISA MCLEAN

Para Ethan que ha recibido la bendición de abuelas geniales y su amor.

Y para Alex que pasó su verano tomando las fotos para hacer realidad este sueño.

Hay un lugar que conozco donde me espera alguien especial.

Mi abuela espera con una sonrisa y bondad en los ojos.

Una abuela podría ser la mamá de tu mamá,

o la mamá de tu papá.

O podría ser una amiga mayor y más sabia, que es como un miembro de tu familia.

Las abuelas tienen todos
tipos de nombres, como
Abu, Yaya, Abuela y Abuelita.

Pero tienen unas cosas en
común que les hacen
irreemplazables.

A veces, su piel tiene arrugas
y es suave y su pelo tiene
mechones grises.

A veces ella no sale mucho. Es más, a veces no es tan fuerte y robusta como yo.

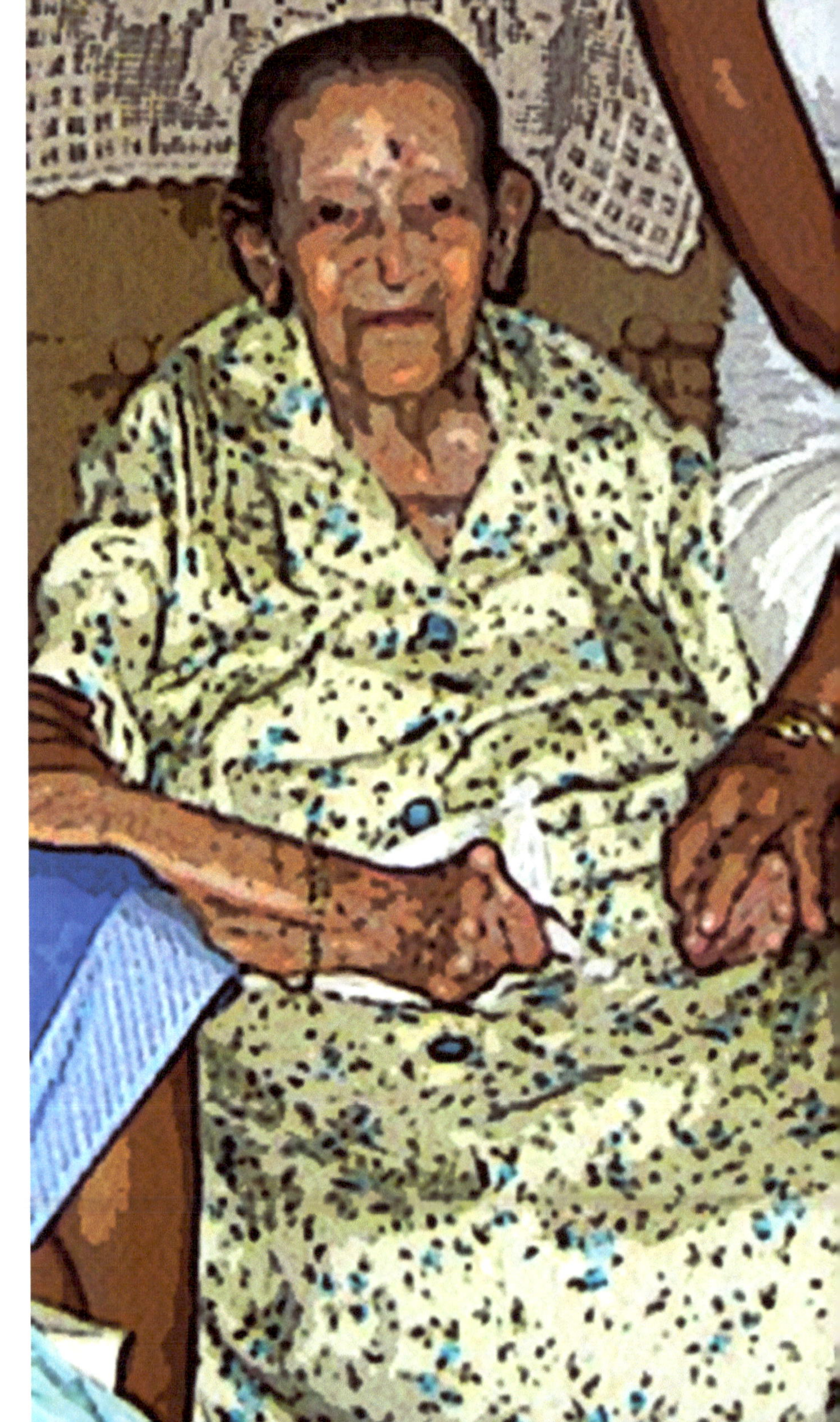

A veces, tengo que gritar muy
fuerte para que ella pueda oírme.

Pero mi abuelita me conoce muy bien...

Ella corta la corteza de mis sándwiches, me cocina crema de harina de maíz ¡mmm!

Incluso ríe cuando me acerco con sigilo junto a ella.

Mi abuela recuerda las cosas que no recuerda nadie más. Por ejemplo, cómo era hacer la tarea con la luz de una lámpara de queroseno...

...o cómo era antes de tener computadoras.

Mi abuela me enseña cómo
cuidar de las flores de su jardín.

Mi abuela tiene siempre tiempo para pasarlo conmigo. Quizás para reírse de mis chistes, darme un abrazo, o participar en un juego de disco volador en el patio trasero.

Sobre todo, ella conoce todas las historias de la familia. Las historias de mamá a quien le gustaba bailar cuando tenía cinco años, y de papá que quería siempre quedarse en casa para jugar con sus perros, en vez de ir a la escuela.

Mi abuela es
el lazo que
nos une.

Soy uno de los pocos
afortunados. Tengo una
abuela y una bisabuela.
¿Y tú?

9 789769 620841